홍쌤의 수학 talk 톡하자

홍선호 지음

여러가지 수와 비율 2

KW 교우미디어

머리말

재미있는 이야기는 어느 누구나 좋아합니다. 그래서 재미있는 이야기를 활용하면 기억에도 오래 남고 학습효과도 크게 올릴 수 있습니다. 수학에서 사용하는 용어나 개념이 하나씩 만들어질 때마다 그에 얽힌 이야기가 하나쯤은 만들어지는데, 그 이야기를 재미있게 꾸며서 읽을거리로 만들었습니다.

과학과 기술이 매우 빠르게 발전하고 있는 오늘날에도 수학은 결국 사람의 필요에 의해 만들어낸 학문이라는 사실을 알아야 합니다. 그리고 이 책을 읽어 나가는 동안, 이 책에 실린 이야기를 읽고 수학을 좋아하게 되는 아이들도 분명히 생겨날 것입니다. 그 중에는 수학의 매력에 푹 빠지게 되는 아이들도 있을 것이며, 훗날 위대한 수학자로 자라날 아이들도 있을 것입니다.

이 책은 다양한 방법으로 활용할 수 있습니다. 수학 시간을 좀 더 재미있게 진행하기 위해서 선생님이 큰 소리로 이 책에 나온 이야기를 읽어 줄 수 있습니다. 일주일에 한두 개의 이야기를 읽어 주는 것만으로도 아이들은 수학의 개념과 원리의 멋진 부분을 알게 될 것입니다. 그리고 수학의 개념을 설명할 때, 이 책에 나온 이야기들을 활용해도 됩니다.

또한 아이들이 직접 책을 읽거나 수업 시간, 혹은 수업이 끝나고 나서 조를 이루어 이야기를 읽어 나가도록 해도 좋습니다. 무엇보다 각 장마다 개별적인 이야기를 다루고 있고 내용도 짧아서 쉽게 읽을 수 있을 것입니다.

이 책을 읽어 나가는 동안 여러분은 수학의 용어와 개념의 의미를 쉽게 알게 될 것입니다. 처음부터 끝까지 한 번에 읽어 버릴 수도 있겠지만, 한 번에 한 가지 이야기만 읽는 편이 더 재미있을 수 있습니다.

아무쪼록 이 책을 통해서 많은 사람들이 수학을 더 좋아하고, 흥미를 느낄 수 있었으면 좋겠습니다.

홍선호

Contents

홍쌤의 수학톡하자 - 배수

홍쌤의 수학톡하자 - 약수

Contents

홍쌤의 수학톡하자 - 분수

홍쌤의 수학톡하자 - 소수

Contents

홍쌤의 수학톡하자 - 관계와 비

홍쌤의 수학톡하자 - 비율

Contents

홍쌤의 수학톡하자 - 비례식

홍쌤의 수학톡하자 - 연비

홍쌤의 수학 톡하자 - 배수

홍쌤의 수학톡하자

1-1

배수의 성질

"진선행씨는 설렁탕 한 그릇을 팔 때마다 1%를 기부고 있습니다. 식당을 이용하는 손님들의 반응도 매우 좋아 매출도 함께 늘어나 1석 2조의 효과를 얻고 있다고 합니다."

경쟁업체를 운영하는 안정직은 TV뉴스를 보다가 무릎을 탁 쳤습니다.

"흥! 1퍼센트~? 난 3퍼센트로 승부할거야."

수학톡하자 1-1

안정직의 설렁탕 가게가 3%를 기부한다는 소식이 전해지면서 가게 매출도 조금씩 늘었습니다. 하루 50그릇도 팔기 어려웠었는데 100그릇의 매출을 올리게 되면서 안정직은 정말 기분이 좋았습니다.

"그래, 이거야. 오늘은 3만원을 기부하는 날이야. 유후~!"

그러다가 안정직의 가게는 방송을 타게 되었고 그 유명세는 날로 높아져 줄을 서서 기다려야 할 정도로 설렁탕의 매출이 늘었습니다. 안정직은 조금씩 걱정이 되기 시작했습니다.

"뭐야, 매출이 늘어나 좋기는 한데, 100그릇이면 3만원, 200그릇이면 6만원, 300그릇이면 9만원, 요즘처럼 하루 6, 7백 그릇이 팔리면 18만원, 21만……. 헉! 하루 21만원씩이나 남한테……, 이러다 천 그릇이면 하루에 3, 30만원~! 안! 돼~!"

설렁탕을 파는 그릇 수에 따라 기부금의 액수도 점점 많아지는 것을 알 수 있으며, 기부금액이 늘어나는 것도 더하기가 아닌 곱하기로 늘어나는 것을 알 수 있습니다. 설렁탕 1그릇 당 기부금액 300에 1, 2, 3, 4, ……와 같은 수를 곱하여 구하는 것입니다.

배수의 성질

설렁탕 1그릇을 1만원이라고 했을 때 1%면 1백원입니다. 따라서 안정직은 3%를 기부한다고 했으니까 1그릇을 팔 때마다 3백원씩을 기부하게 되는 것입니다.

설렁탕 1그릇을 팔면 $300 \times 1 = 300$(원)
설렁탕 2그릇을 팔면 $300 \times 2 = 600$(원)
설렁탕 3그릇을 팔면 $300 \times 3 = 900$(원)
⋮

이와 같이, 어떤 자연수에 자연수 배한 수를 그 자연수의 배수라고 합니다. 즉, $a \times b = c$일 때, c를 a와 b의 배수라고 합니다. 여기서 a, b, c는 0 또는 자연수입니다. a가 어떠한 자연수일지라도 항상 $a \times 0 = 0$이므로 0은 모든 자연수의 배수입니다. 그러나 일단 0을 제외하고 생각한다면, 배수 중에서 가장 작은 것은 1배한 수, 곧 그 수 자신이 됩니다.

예를 들어, 3의 배수를 생각해 보면 3, 6, 9, 12, 15, 18, 21, ……로 끝없이 큰 수를 만들 수가 있습니다. 자

수학톡하자 1-1

연수의 집합이 무한 집합이기 때문에, 그 배수의 집합도 무한 집합이 됩니다. 즉, 가장 큰 배수라는 것은 찾을 수가 없는 것입니다. ★

-2

정수, 0 그리고 홀수와 짝수

자연수와 +만 있는 자연수나라에는 부족함이 없이 모든 것이 넘쳐났습니다. 곡식은 생산량이 나날이 증가해 창고가 부족할 지경이었습니다. 그러던 어느 해, 몹시 심한 가뭄이 들더니 몇 년 동안 흉년이 이어져 넘쳐나기만 했던 창고가 텅텅 비게 되는 일이 생겼습니다. 이 사실을 임금에게 보고해야 하는 창고대신은 걱정이 이만저만이 아니었습니다. 늘 더하기만 하면 되었는데 더하기는커녕 그동안 모아놓은 것조차 사라져버린 것을 어떻게 표현해야 할지 그 방법이 막막하기만 했던 것이었습니다.

창고대신이 고민하고 있는 다음 두 가지 내용을 어떻게 표현하면 좋을까요?

1. '사라진다는 것'은 곧, '모아 놓았던 것'이 '되돌아 나가는 것'인데, '되돌린다'를 어떻게 표현하면 좋을고……?'
2. 곡식으로 가득 차 있던 창고가 텅텅 비게 되면 이것은 아무것도 채우지 않은 것과 같은데, 즉 없었던 일이라고 생각할 수 있는데 이럴 땐 어떻게 표현하면 좋을고……?

옛날부터 사람들은 셈을 하거나 연산을 하면서 자연수를 사용해 왔습니다. 그 이후로 수가 확장되면서 정수라는 개념이 나타났고, 정수를 0을 기준으로 크기에 따라서 양의 정수와 음의 정수, 그리고 0, 세 가지로 나누게 되었습니다. 여기서 수 0은 양의 정수(양수)도 음의 정수(음수)도 아닌 유일한 중성수입니다.

양의 정수는 크게 홀수와 짝수의 두 가지로 나누어지는데, 우리는 수학 문제를 풀면서 홀수와 짝수의 계산 성질을 자주 이용하게 됩니다.

우선 큰 수에서 짝수와 홀수의 판별 방법으로는 일의 자리 숫자가 0 또는 짝수이면 그 수는 짝수이고, 일의 자리 숫자가 홀수이면 그 수는 홀수입니다. 그리고 자연수 중에서 2로 나누어떨어지는 수를 짝수, 2로 나누어떨어지지 않는 수를 홀수라고 합니다. 그러므로 자연수는 2로 나누어떨어지느냐, 나누어떨어지지 않느냐에 따라 홀수와 짝수의 두 가지 유형으로 분류할 수 있습니다. ★

1-3

3의 배수의 조건이 성립되는 이유는 무엇일까요?

123처럼 세 자리 수들 중에서 3의 배수들이 가지고 있는 특징을 살펴봅시다. 먼저 123은 3의 배수입니다. 왜냐하면 123을 3으로 나누면 몫이 41이 되고 나머지가 없기 때문입니다.

그런데 123의 각 자릿수를 더해 보면 이것 역시 3의 배수가 되는 것을 확인할 수 있습니다.

123=1+2+3=6

그리고 또 다른 3의 배수인 111도 1+1+1=3으로 3의 배수이고, 351도 3의 배수인데 이것 역시 3+5+1=9가 되는 것을 알 수 있습니다. 따라서 3의 배수가 되는 수는 각 자리 숫자의 합이 3의 배수가 되는 특징이 있다는 것을 알 수 있습니다.

그렇다면 3의 배수는 왜 이런 특징을 갖는 걸까요?

그 이유를 123을 예로 들어 봅시다.

123=100+20+3

그런데 100은 3의 배수인 99와 1의 합입니다. (100=99+1)

그리고 20은 3의 배수인 18과 2의 합입니다. (20=18+2)

그리고 3은 일의 자리 수이므로 그냥 둡니다. 따라서 123을 3의 배수인 수와 나머지 수로 분리하면,

123=(99+1)+(18+2)+3

=(99+18)+(1+2+3)

인데 여기서 99와 18은 3의 배수인 수이므로 두 수의 합은 당연히 3의 배수가 됩니다.

그러면 나머지 수 1+2+3만 3의 배수가 되면 123은 3의 배수가 되는 것입니다. 그런데 1+2+3은 6으로 3의 배수가 되고 공교롭게도 1+2+3은 123은 각 자기 숫자의 합과 같아지기 때문입니다. ★

- 4

4의 배수와 8의 배수의 조건이 성립되는 이유는?

우리는 흔히 4의 배수인 수를 찾을 때 끝의 두 자릿수가 00이거나 4의 배수이면 그 수는 4의 배수라고 말합니다. 예를 들어 4800은 끝의 두 자리 숫자가 00이므로 4의 배수이고 328은 끝의 두 자릿수인 28이 4의 배수이므로 4의 배수라고 할 수 있습니다.

하지만 1835는 끝의 두 자릿수 35가 4의 배수가 아니므로 4의 배수가 아닙니다. 그렇다면 4의 배수인 수들은

왜 이런 규칙을 갖는 걸까요? 3자리수인 328을 예로 들어보면,

328=300+28로 분해해서 쓸 수 있습니다.

그런데 300은 3×100인데 100이라는 수는 4×25로 언제나 4의 배수가 되는 수입니다. 따라서 100이 4의 배수이면 200도 당연히 4의 배수가 됩니다. (200=8×25) 또한 300도 100의 배수이므로 4의 배수가 되는 것입니다. 그러므로 328중에서 300이 4의 배수이므로 28만 4의 배수가 되면 되는 것입니다.

결국 이보다 더 큰 수인 1924나 15824등도 끝의 두 자릿수만 조사하면 됩니다. 왜냐하면 1000=4×250으로 나타낼 수 있으며, 10000=4×2500으로 나타낼 수 있으므로 100, 1000, 10000 등은 언제나 4의 배수가 되는 것입니다.

그렇다면 8의 배수인 수의 규칙은 끝의 세 자릿수가 000이거나 8의 배수이면 그 수는 8의 배수라고 말하는 이유는 무엇일까요?

그 이유도 4의 배수의 규칙과 비슷합니다. 왜냐하면 4는 25와 곱해져서 100을 만드는 재미있는 성질이 있는

데 반해 8은 125와 곱해져서 1000을 만드는 독특한 성질을 가지고 있기 때문입니다. ★

$4\times25=100$ $4\times250=1000$ $4\times2500=10000$ …	$8\times125=1000$ $8\times1250=10000$ $8\times12500=100000$ …

👆 - 5

11의 배수의 조건이 성립되는 이유는 무엇일까요?

어떤 수의 홀수 번째 자릿수들의 합과 짝수 번째 자릿수들의 합이 같으면 그 수는 11의 배수가 됩니다.

예를 들어 1342는 홀수 번째 자릿수의 합이 3+2=5이고, 짝수 번째 자릿수의 합이 1+4=5로 같으니까 이 수는 11의 배수입니다. 그렇다면 이러한 조건이 성립되는 이유는 무엇일까요?

11의 배수의 조건이 성립되는 이유는 무엇일까요?

$$1342=1000+300+40+2$$
$$=1000+(3\times100)+(4\times10)+2$$

라고 쓸 수 있으며,

$$1000=1001-1$$
$$100=99+1$$
$$10=11-1$$

로 쓸 수 있습니다. 그런데 1001과 99 그리고 11은 모두 11의 배수입니다. 그러니까 1342는 다음과 같이 나타낼 수 있습니다.

$$1342=1\times(1001-1)+3\times(99+1)+4\times(11-1)+2$$
$$=(1\times1001-1\times1)+(3\times99+3\times1)+(4\times11-4\times1)+2$$
$$=(1\times1001+3\times99+4\times11)+(-1+3-4+2)$$

여기서 첫 번째 괄호 안은 11의 배수이고, 둘째 번 괄호 안이 11의 배수이거나 0이면 1342는 11의 배수가 되는 것입니다. 11의 배수 판정법이 (홀수 번째 자릿수들의 합)−(짝수 번째 자릿수들의 합)인 이유는 둘째 번 괄호 안에 나타나는 특징 때문입니다. ★

- 6

생활 속의 최소 공배수

"광주 무등산파 조직원과 부산 자갈치파 조직원간의 접촉이 오늘 오전에 서울고속버스터미널에서 있을 것이라는 정보가 입수되었습니다."

"뭐야? 확실한 정보야?"

"네, 그렇습니다. 아마 서로 원하는 물건을 넘겨받고 각자 본거지로 흩어질 속셈인 것 같습니다."

"흠, 그렇군. 그렇다면 오전 몇 시에?"

"그, 그것까지는……."

"이런, 이런. 머리는 폼으로 달고 다녀? 순식간에 접촉해서 해결하고 동시에 사라질 수 있는 시각이 언제인지 생각을 해보란 말이야! 시간이 금인데 하루 종일 죽치고 기다릴 거냐구!"

"아~! 알겠습니다."

"이제야 감이 잡히나? 벌써 오전 6시니까 빨리 움직여! 실수 없이 전원 체포하도록 해!"

"네!"

부산행 고속버스는 오전 5시 출발을 시작으로 30분마다 있습니다. 광주행 고속버스 역시 오전 5시 출발을 시작으로 40분마다 있습니다.

부산행 고속버스는 30분마다 출발하므로 30의 배수를 구했습니다.

30의 배수는 30×1=30, 30×2=60, 30×3=90, 30×4=120, 30×5=150,…

같은 방법으로, 광주행 고속버스는 40분마다 출발하므로 40의 배수를 구하기로 하였습니다. 40의 배수는 40×1=40, 40×2=80, 40×3=120, 40×4=160, 40×

수학톡하자 1-6

5=200…

그러므로 부산행 고속버스와 광주행 고속버스가 5시 정각에 함께 출발하고, 그 이후에는 120분 만에 다시 같은 시각에 출발한다는 사실을 알아냈습니다. ★

홍쌤의 수학톡하자 - 약수

2-1 약수는 누가 왜 만들었을까?

2-2 약수의 개수는 몇 개일까요?

2-3 소수가 자연수에서 차지하는 의미

2-4 자연수에 관한 여러 가지 특정수

2-5 공약수라는 새로운 수를 왜 만든 걸까?

2-6 유클리드가 발견한 호제법

홍쌤의 수학톡하자

2-1

약수는 누가 왜 만들었을까?

지금으로부터 약 4000년 전, 바빌로니아는 주로 농사를 짓는 농경국가였습니다. 일찍이 주변 국가들보다 앞서 문명이 발달한 바빌로니아 왕은 자신의 왕권을 강화시키기 위해 농경방식을 공동생산과 공동분배의 형태로 만들고 일정부분을 세금으로 거두어들이기로 하였습니다.

"우리는 함께 일하고 똑같이 나누어 갖는다."

수학톡하자 2-1

아주 작은 땅을 경작하고 있던 막무가내씨는 이게 웬 횡재냐 하며 신이 나서 일을 했습니다. 이웃인 순리대로씨는 마침 땅이 너무 넓어서 혼자서는 힘들었던지라 공동경작이 아주 흡족했습니다.

드디어 가을이 오고 공동경작을 한 땅에서 첫 수확을 하게 되었습니다. 세금을 내고 나니 6가마가 남았습니다. 막무가내씨와 순리대로씨는 사이좋게 3가마씩 나누어가졌습니다. 다음 해엔 나도더불어씨가 경작에 참여하게 되어 3사람은 훨씬 수월하게 농사를 지을 수 있었고 생산량도 늘어 세금을 내고도 10가마가 되었습니다. 순리대로씨와 나도더불어씨는 곡식을 똑같이 나누기가 어려워 걱정이 이만저만이 아니었습니다. 하지만 막무가내씨는 자기가 더 열심히 일했으니까 둘은 3가마씩 갖고 자기는 4가마를 가져야 한다고 막무가내로 우기기 시작했습니다.

이처럼 곡식을 나눌 때 나머지 없이 똑같이 나누어 가지게 되면 문제가 없는데, 나머지가 생기게 되면 이 나머지를 나누기가 그 때의 수학으로는 매우 힘든 일이었습니다. 그래서 순리대로씨는 어떻게 하면 나머지 없이 나누어가질 수 있을까에 대해 생각해 보았습니다.

10가마의 쌀을 1명이 가질 때는 10가마 모두를 가지면 되고,

2명이 나누어 가질 때는 5가마씩,

3명이 나누어 가질 때는 나머지가 남고,

5명이 나누어 가질 때는 2가마씩!!!

그 다음 해부터 순리대로씨는 정해놓은 가마 수를 맞추기 위해 노력했습니다.

1, 2, 5, 10은 자연수 10을 나머지 없이 나누어떨어지게 하는 수이며 이러한 수를 10의 약수(約數)라고 합니다. ★

- 2

약수의 개수는 몇 개일까요?

1을 제외한 모든 자연수는 여러 개의 자연수로 조립되어 있습니다.

자연수와 곱하기(×)를 이용하여 숫자 24를 만들어봅시다. 가능한 여러 가지 자연수를 활용하여 만들어 봅니다.

$$1\times2\times3\times4=24$$

$$2\times3\times4=24$$

$$4\times6=24$$

$$3\times8=24$$

$$12\times2=24$$

$$1\times24=24$$

이처럼 여러 개의 다른 자연수를 조립하여 24를 만들 수 있습니다. 거꾸로 24를 분해하여 얻을 수 있는 자연수는 1, 2, 3, 4, 6, 8, 12, 24가 됩니다. 다시 말해 24를 분해하여 얻을 수 있는 수들의 범위 안에서 곱하기(×)를 이용하여 조립을 할 때 24가 만들어지는 것입니다. 이 때 24를 만들 수 있는 수 1, 2, 3, 4, 6, 8, 12, 24는 24의 약수가 되며 약수의 개수는 8개입니다.

한 가지 더! 2와 3과 4를 이용하면 24의 모든 약수를 구할 수 있습니다.

☞1×2×3×4=24

☞2×3×4=24

☞4×6=24
└→(2×3)

☞3×8=24
└→(2×4)

☞12×2=24
└→(3×4)

☞1×24=24
└→(2×3×4)

새로운 자연수를 만들기 위해서는 새로운 조립형태가 필요합니다.

수학톡하자 2-2

12=2×2×3 또는 12=4×3 또는 12=1×12
4 → (2×2)　　12 → (2×2×3)

36=2×2×3×3 또는 36=4×9
4 → (2×2)　　9 → (3×3)

또는 36=6×6 또는 36=1×36
6 → (2×3)　　6 → (2×3)　　36 → (2×2×3×3) ★

3 - 3

소수가 자연수에서 차지하는 의미

자연수 56, 30, 12, 6을 작은 자연수의 곱으로 분해해 봅시다.

56=8×7 → 8은 더 작은 자연수로 분해할 수 있습니다.

56=2×4×7 → 4는 더 작은 자연수로 분해할 수 있습니다.

56=2×2×2×7 → 더 이상 분해할 수 없습니다.

수학톡하자 2-3

30=10×3 → 10은 더 작은 자연수로 분해할 수 있습니다.

30=2×5×3 → 더 이상 분해할 수 없습니다.

12=4×3 → 4는 더 작은 자연수로 분해할 수 있습니다.

12=2×2×3 → 더 이상 분해할 수 없습니다.

6=2×3 → 더 이상 분해할 수 없습니다.

자연수를 그 수보다 작은 자연수의 곱으로 분해하다 보면 더 이상 분해할 수 없는 2, 3, 5, 7……과 같은 수에 이르게 됩니다.

• 2, 3, 5, 7……과 같은 수의 특징을 살펴보면,

① 각각의 수보다 더 작은 수의 곱으로 나누어지지 않는 수

② 약수가 1과 자기 자신 밖에 없는 수

☞ 이러한 수를 소수(素數)라고 합니다. 소수가 자연수에서 차지하는 의미는 매우 큽니다. 왜냐하면 1을 제외한 모든 자연수는 이 소수의 곱으로 나타낼 수 있기

때문입니다.

- 이처럼 어떤 자연수를 소수의 곱으로 분해하는 것을 가리켜 '소인수(素因數)분해'라고 합니다. 즉 어떤 수를 이루는 근간이 되는 수로 분해하는 것이라고 이해할 수 있습니다.

  예) 56=2×2×2×7

  30=2×5×3

  6=2×3

- 1 이외의 소수(素數)가 아닌 수를 합성수(合成數)라고 하며, 합성수는 소수의 곱으로 분해할 수 있습니다. 즉 합성수는 여러 개의 약수(3개 이상의 약수)를 가지고 있습니다. ★

4

자연수에 관한 여러 가지 특정수

피타고라스학파는 수에 의미를 부여하고 신성시 하였습니다. 그런데 이들은 소수(素數)들은 진약수를 1 이외에는 갖지 않으므로 별로 관심을 두지 않았습니다. 따라서 2, 3, 5, 7, 11, 13, …… 과 같은 소수 이외의 합성수의 약수에는 어떤 것들이 있으며, 합성수들에서 진약수의 합에는 어떤 성질이 나타나는지를 연구했습니다. 특히 완전수를 연구하면서 완전수가 아닌 수들의 특

정도 살펴보았습니다.

- 진약수 : 자기 자신을 제외한 약수
- 완전수(Perfect number) : 자기 자신을 제외한 약수(진약수)들의 합이 자기 자신이 되는 수

  예) 6의 약수 – 1, 2, 3, 6
  → 진약수 : 1+2+3=6
- 부족수(Defective number) : 진약수들의 합이 자기 자신보다 작은 수

  예) 4의 약수 – 1, 2, 4
  → 진약수 : 1+2=3
- 과잉수(Excessive number) : 진약수들의 합이 자기 자신보다 큰 수

  예) 12의 약수 – 1, 2, 3, 4, 6, 12
  → 진약수 : 1+2+3+4+6=16
- 우애수(Amicable numbers) : 특정수의 약수의 합이 또 다른 특정수가 될 때 이들 두 수를 말하며 친구수, 친화수라고도 합니다.

  예) 220과 284는 우애수입니다.

  220의 약수 – 1, 2, 3, 4, 6, 12 (1+2+3+4+6+12=284)

  284의 약수 – 1, 2, 4, 71, 142 (1+2+4+71+142=220) ★

✌ - 5

공약수라는 새로운 수를 왜 만든 걸까?

공동생산과 공동분배로 왕권을 더욱 강화시킨 왕은 마음이 흡족했습니다. 그러나 세금을 내고 나머지를 나눠 갖는 과정에서 다툼이 생겨 큰 싸움에까지 이르게 되는 경우가 심심치 않게 생기는 게 참으로 못마땅하였습니다.

“어허, 쯧쯧쯧! 저렇게 다툼이 심해서야…….”

그러다가 순리대로씨가 책임자로 있는 약수마을 농장에서는 분배로 인한 다툼이 없다는 소문을 듣게 되었습니다. 왕은 순리대로씨를 불러들였습니다.

“그래, 너의 농장에서는 쌀이 얼마나 생산되느냐?”

“세금을 내고나면 6가마 정도 남습니다.”

“그럼 내 너에게 12가마의 쌀이 나오는 논과 16가마의 옥수수가 생산되는 밭의 책임을 맡기겠노라. 분배 시 다툼이 일어나지 않도록 잘 할 수 있겠느냐?”

순리대로씨는 생산량이 다른 논과 밭을 동시에 경작

해야 하는 것도 부담스러웠지만 몇 명에게 나누어 주어야 쌀과 옥수수를 나머지 없이 똑같이 나누어 가질 수 있을지 걱정스러웠습니다.

"쌀 12가마를 똑같이 나누어 가지려면 12의 약수를 생각하면 되고, 옥수수 16가마를 똑같이 나누어 가지려면 16의 약수를 생각하면 되는데……, 쌀과 옥수수를 동시에 똑같이 나누어 가지려면……? 그래, 12와 16의 공통된 약수를 찾으면 되겠구나!"

'공약수(公約數)'는 두 정수의 공통이 되는 약수를 뜻합니다. ★

✌ - 6

유클리드가 발견한 호제법

하품만이는 공부하는 게 영 취미가 없습니다. 특히 수학은 생각만 해도 머리에 쥐가 날 지경이었습니다. 선생님이 유클리드가 고대 그리스 수학자 어쩌고 아버지 어쩌고 하는데 연신 품어 나오는 하품에 눈물이 날 지경입니다.

"수학 시간에 웬 아버지 타령이야……, 하~."

"야, 하품만!"

"……합! 네, 네?"

"너, 기하학의 아버지가 누구야?"

“기하학이요? 기하학이 누군데요? 저 그런 애 몰라요.”

“어이쿠! 내가 못산다.”

오늘날 ‘기하학의 아버지’라고 불리는 고대 그리스 수학자 유클리드는 수학분야에 여러 저서를 남겼습니다.

유클리드가 알렉산드리아 대학에서 자신이 쓴 ‘원론’이라는 책을 교재로 학생들을 가르쳤는데 제자들 중에는 왕자인 프톨레마이오스 2세도 있었습니다. 어느 날 왕자가 원론을 쉽게 배우는 방법이 없는지 물어보았습니다. 그러자 유클리드는 ‘기하학에는 왕도가 없습니다’라고 대답했다고 합니다. 유클리드가 알렉산드리아 대학에서 수학을 가르치게 되자 그의 명성은 나날이 높아져 많은 학생들이 알렉산드리아로 몰려들게 되었습니다. 그러나 대부분의 학생들은 원론의 내용이 너무 어려워 잘 이해하지 못했습니다. 그러던 어느 날 알렉산드리아 대학으로 유학을 온 한 학생이 “선생님! 이런 어려운 원론을 배우면 어떤 이익이 생기나요?”라고 묻자 유클리드는 “너는 지식을 얻는 것보다 동전이 더 갖고 싶겠지?” 하며 동전을 던져주고는 고향으로 돌아가라고 말

수학톡하자 2-6

했다고 합니다.

유클리드는 알렉산드리아 대학에서 학생들을 가르치는 중에 최대공약수를 쉽고 빠르게 구하는 방법을 생각해 냈는데 이를 '유클리드의 호제법'이라고 합니다. 호제법이란 말은 '서로 나누는 법'이라는 뜻인데, 이 말은 두 수가 서로 상대방 수를 나누어서 나머지가 0이 되는 순간이 바로 최대 공약수가 된다는 공식을 말합니다. 다시 말해 두 수 중에서 큰 수를 작은 수로 나누면 나머지가 나오는데, 이렇게 나온 나머지로 다시 작은 수를 나누는 과정을 반복하면서 나머지가 0이 되었을 때 마지막에 나누는 수가 두 수의 최대공약수가 되는 방법입니다.

예를 들어, 18, 24, 36의 최대공약수를 구해보면, 큰 수에서 작은 수를 나누면,

$$\begin{array}{r|rrr} 2 & 18 & 24 & 36 \\ \hline 3 & 9 & 12 & 18 \\ \hline & 3 & 4 & 6 \end{array}$$

따라서 세 수를 모두 나눌 수 있는 수는 2와 3이고, 더 이상 없으므로 18, 24, 36의 최대공약수는 2×3=6입니다. ★

홍쌤의 수학 톡하자 - 분수

3-1 분수는 어떻게 만들어졌을까요?

3-2 고대 이집트인들이 단위분수를 만든 이유는 무엇일까?

3-3 진분수

3-4 가분수와 대분수

3-5 분수의 덧셈과 뺄셈에서 통분을 왜 할까요?

홍쌤의 수학톡하자

2-1

분수는 어떻게 만들어졌을까요?

옛날에 착한 첫째와 꾀보 둘째, 지혜로운 셋째 그리고 먹보 넷째 이렇게 4형제가 밭을 일구며 열심히 살고 있었습니다.

어느 날, 이웃집 아주머니께서 작은 수박 1통을 주고 가셨습니다. 꾀보 둘째는 빨리 수박을 먹자고 했습니다. 그러나 첫째는 놀러 나간 막내가 들어오면 함께 먹자고 하였습니다.

"에이, 형! 그냥 우리끼리 먹자."

"아니야, 그래도 넷째가 들어오면 같이 먹어야지."

'치, 분명히 먹보 넷째가 다 먹어버리고 말거야. 그냥 우리끼리 먹자니까…….'

셋째는 불만에 가득차서 중얼거렸습니다.

그 때 지혜로운 셋째가 말했습니다.

"형, 수박을 네 조각으로 나누어서 우리 셋이 한 조각씩 먹고 나머지 한 조각은 남겨두었다가 막내를 주면 되지 않을까?"

첫째는 그거 참 좋은 생각이라며 수박을 나누어 먹었습니다.

지금으로부터 약 4000년 전의 이집트는 청동기시대였습니다. 그러나 이집트인들에게는 발달된 수학이 있었고, 이것을 바탕으로 훌륭한 문화를 만들어 나갈 수 있었습니다. 덧셈, 곱셈은 물론이고 뺄셈까지도 자유롭게 할 수 있는 정수의 세계를 이해하고 정수의 계산법을 사용했던 것입니다.

그런데 $1 \div 4$와 같은 나눗셈에서는 문제가 생겼습니니다. 즉 자연수의 범위 안에서는 결코 해결될 수 없는 수가 필요했던 것입니다.

물론 4÷2나 10÷2와 같이 나머지가 없는, 즉 몫이 자연수가 되는 나눗셈에서는 문제될 게 없었지만 자연수로 표현할 수 없는 나눗셈에서는 곤란함을 느꼈을 것입니다. 그래서 이집트인들이 생각해낸 것이 바로 분수라는 새로운 수일 거라 짐작하는 것입니다.

이렇게 분수라는 새로운 수를 만든 이유는 그 당시 이집트는 공동생활을 하고 있었기 때문에 공동으로 생산하거나 획득한 물건을 똑같이 나누어 갖는 일은 대단히 중요한 일이었기 때문입니다. ★

✌ - 2

고대 이집트인들이 단위분수를 만든 이유는 무엇일까?

수박을 맛있게 먹은 4형제는 다음 해에 수박 농사를 짓기로 하였습니다. 부지런한 4형제네 수박은 맛이 좋다고 소문이 나서 무척 잘 팔렸습니다. 어느 날 첫재는 팔다 남은 수박을 동생들과 나누어 먹으려고 보니 형제는 4명인데 수박은 3통이었습니다. 4형제는 수박 3통을 앞에 놓고 고민에 빠졌습니다. 그 때 지혜로운 셋째가 무릎을 탁 치며 말했습니다.

"전에 먹었던 것처럼 세 통을 모두 4조각으로 나누어서 한 조각씩 먹자."

이집트 사람들이 단위분수만을 사용한 이유를 알아내기에는 너무 오래된 일이어서 불가능할지도 모릅니다.

다만 우리가 짐작할 수 있는 것은 나누는 일을 최대한 단순화시키기 위해서가 아니었을까 추측해볼 수 있습니다.

예를 들어 네 사람이 세 개의 수박을 얻었을 때를 가정해 봅시다. 그 당시 이집트인들에게 세 개의 수박을 한 번에 네 사람이 $\frac{3}{4}$씩 나누어 갖는다는 것은 대단히 어려운 개념이었던 것입니다.

따라서 그들은 우선 수박 한 개를 네 조각으로 나누어 각자 $\frac{1}{4}$씩 갖고, 다음 수박 한 개를 또 네 조각으로 나누어서 각자 $\frac{1}{4}$씩 갖고, 마지막 수박 한 개도 똑같이 네 조각으로 나누어 $\frac{1}{4}$씩 가지는 과정을 세 번 거쳤을 것이라 미루어 짐작해 보는 것입니다.

$3 \div 4 = \frac{1}{4} + \frac{1}{4} + \frac{1}{4} \Rightarrow$

이렇듯 분수는 나누는 것을 나타내는 수입니다. 따라서 위와 같은 이야기를 상상해 보더라도 분수는 당시 이집트 사람들이 무엇인가를 나눌 때 사용하기 위해 만든 수임을 분명히 알 수 있습니다. ★

✌ - 3

진분수

4형제는 수박을 먹으려고 한 통을 네 조각으로 똑같이 나누었습니다. 그런데 첫째 형이 갑자기 약속이 있다면서 자신의 수박을 나눠먹으라고 하자, 이때를 놓칠 새라 둘째 꾀보가 동생들에게 게임을 하자고 하였습니다.

"지금부터 '진짜'라는 말을 먼저 하는 사람은 게임에서 지는 거야. 최후의 승자가 형의 수박을 먹자고."

동생들도 모두 좋다고 하였습니다. 둘째 꾀보는 이것저것 하루 일을 이야기하기 시작했습니다. 그러더니

"에이, 그래 좋다. 그래도 내가 너희들보다 형인데, 셋째와 넷째가 나누어 먹어."

"진짜?"

셋째와 넷째가 동시에 외쳤습니다.

진분수는 0보다 크고 1보다 작은 모든 분수를 말합니다.

'$\frac{1}{2}$, $\frac{2}{3}$, $\frac{3}{4}$, $\frac{98}{99}$' 등이 진분수에 속합니다. 이런 분수들은 항상 '분모가 분자보다 큰 수'로 이루어집니다. 이런 분수들을 왜 '진(眞)분수 = 진짜분수'라고 부르는 것일까요?

앞에서 우리는 자연수로 셈할 수 없는 1보다 작은 조각을 표현하기 위해 분수가 만들어졌다고 배웠습니다. 그리고 '진(眞)'은 '참', 참으로, '진짜'라는 뜻입니다. 따라서 진분수(진짜 분수, 참분수)는 처음 분수가 만들어질 때처럼 1보다 작은 양을 표현한 것입니다.

그럼 여러분이 좋아하는 먹을 것을 가지고 이야기해보도록 할까요?

자, 여기 사과 한 개가 있습니다. 이 사과를 칼로 잘라서 넷으로 똑같이 나눕니다. 여러분이 그중에 한 조각을 먹으면 $\frac{1}{4}$을 먹는 것이 되고, 세 조각을 먹으면 $\frac{3}{4}$을 먹는 것이 됩니다. 따라서 사과의 한 조각, 또는 세 조각을 먹는 것은 얼마든지 가능합니다. 이런 이유로 $\frac{1}{4}$, $\frac{2}{4}$, $\frac{3}{4}$과 같은 분수를 진짜 분수 즉, 진분수라고 합니다.

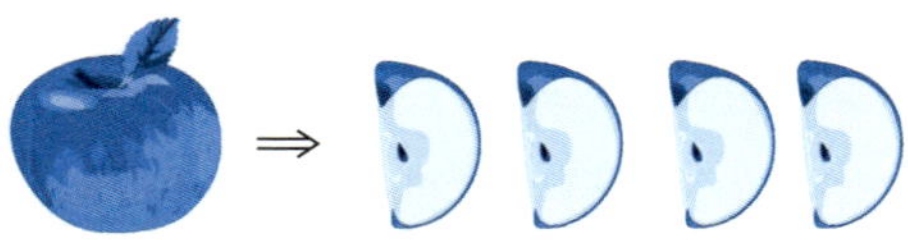

3의 배수는 위와 같이 각 자리수를 '3의 배수'와 '나머지 수'로 분리하면 '나머지 수'가 항상 자기 자신과 같은 형태로 나타나기 때문에 3의 배수 판정법으로 각 자리수의 합을 사용하고 있습니다. ★

3-4 가분수와 대분수

셋째와 막내는 이웃집 아기의 돌잔치에 초대받아 가게 되었습니다. 막내가 아기를 열심히 바라봅니다.

“형, 아기들은 저렇게 머리가 다 커? 꼭 가분수 같아.”

“하하, 애기들은 원래 그래.”

그때 마침 TV에서 무릎팍 도사 강호동의 모습이 나왔다.

“형, 어른인데도 강호동처럼 머리가 큰 사람은 크은

가분수? 아니다! 큰 대(大)자를 써서 대분수라고 부르면 되려나? 히히."

"하하하, 그거 말 된다."

가분수는 분자가 분모와 같거나 분자가 분모보다 큰 분수입니다. 이런 의미에서 몸에 비해 머리의 크기가 좀 큰 사람을 우리는 가분수라고 합니다. 그렇다면 대분수는 어떤 분수를 말하는 걸까요? 분자가 분모보다 엄청 큰(大) 분수를 뜻하는 것일까요?

가분수의 '가(假)'는 '거짓, 가짜, 임시'라는 뜻입니다. 가분수는 '크기가 1과 같거나 1보다 큰 모든 분수'를 말합니다. 즉 '$\frac{4}{4}$, $\frac{5}{4}$, $\frac{9}{5}$, $\frac{100}{20}$' 등이 가분수에 속합니다. 그런데 이런 분수들을 왜 '가짜 분수'라고 할까요?

그럼 다시 한 번 사과를 쪼개 먹으면서 가분수의 의미를 생각해 볼까요? 여기 사과 하나가 더 있습니다. 이 사과를 넷으로 똑같이 나누어 줍니다. 그중 $\frac{1}{4}$씩 다섯 번을 먹으면 $\frac{5}{4}$를 먹는 셈이 됩니다. '사과 하나는 $\frac{1}{4}$씩 네 조각뿐인데 $\frac{5}{4}$ 즉 다섯 조각을 먹었다?'라는 건 말이 안 되겠죠? 사과 하나는 애초에 네 조각으로밖에 나누지 않았으니까요.

그렇습니다. 이런 상황은 현실에서 불가능하기 때문에 $\frac{5}{4}$, $\frac{6}{4}$, $\frac{7}{4}$과 같은 분수를 '가짜 분수' 즉 가분수라고 하는 것입니다. 분자, 분모라는 두 개의 수로 모양새는 갖추었으나 실제로는 불가능한 상황을 나타낸 분수가 바로 '가분수'인 것입니다.

가분수와 관련하여 한 가지 더 알아둘 것이 있습니다.

사과를 넷으로 똑같이 나누어 그중에 네 조각을 먹으면 $\frac{4}{4}$를 먹은 셈이고, 이것은 현실적으로 이루어질 수 있는 상황인데 왜 $\frac{4}{4}$를 가분수라고 할까요?

$\frac{4}{4}$와 성질이 같은 분수들을 살펴보면 '$\frac{3}{3}$, $\frac{7}{7}$, $\frac{27}{27}$' 등이 있습니다. 이것들은 분자, 분모라는 두 수로 이루어져 있어 분수처럼 보입니다. 그러나 그 비율을 따져보면 모두 자연수 1과 같습니다. 이러한 분수들은 분수인 척 위장하고 있지만 사실은 자연수 1과 같기 때문에 '가분수'라고 하는 것입니다.

"나, 사과 네 조각 중에 네 조각 먹었다." 라고 말하지 않고, "나, 사과 한 개 먹었다." 라고 말하는 이유가 바로 여기에 있습니다.

수학톡하자 3-4

대분수란 어떤 분수일까요? 큰(大) 분수란 뜻일까요?

많은 사람들이 보통 대분수의 '대'를 큰 대(大)로 생각합니다. 그러나 대분수의 '대(帶)'는 '결합되었다, 이어졌다, 붙었다'는 뜻입니다. 영어로 대분수는 'mixed number(섞인 숫자)'라고 합니다. 대분수는 말 그대로 '결합된 분수, 붙은 분수, 섞인 수'인데 도대체 무엇이 결합되고 섞였다는 것일까요?

대분수를 보면 바로 답을 알 수 있습니다. $12\frac{1}{2}$, $3\frac{1}{3}$, $5\frac{3}{4}$과 같은 분수를 대분수라고 하는데, 이것들은 바로 '자연수와 진분수가 혼합된 수', '자연수와 진분수가 섞인 수'입니다.

그런데 가끔 계산 과정에서 $4\frac{1}{2}+3\frac{3}{4}=7\frac{5}{4}$와 같이 자연수와 가분수가 혼합되어 있는 결과가 나올 때가 있습니다. 이것 또한 계산과정에서 일시적으로 나타나는 현상이므로 $7\frac{4}{5}$를 $8\frac{1}{4}$로 반드시 바꿔주어야 합니다. ★

- 5

분수의 덧셈과 뺄셈에서 통분을 왜 할까요?

막내는 오늘 학교에서 분수의 덧셈을 배웠습니다. $\frac{2}{7}+\frac{3}{5}=\frac{5}{12}$가 틀린 답이라고 하는데 좀처럼 이해가 되지 않습니다. 문제를 풀다가 잠이 든 막내는 꿈에서도 분수가 보입니다.

자세히 살펴보니 $\frac{2}{7}$와 $\frac{3}{5}$이 서로 자기가 더 크다고 싸우는 것이었습니다. 그것뿐만이 아니었습니다.

$\frac{2}{7}$는 $\frac{4}{14}$, $\frac{3}{21}$, $\frac{8}{28}$, $\frac{10}{35}$……로 마구 변하고, $\frac{3}{5}$은 $\frac{6}{10}$, $\frac{9}{15}$, $\frac{12}{20}$, $\frac{15}{25}$, $\frac{18}{30}$, $\frac{21}{35}$……로 마구 변하는 것이었

습니다. 너무 궁금한 막내는 싸우는 $\frac{2}{7}$와 $\frac{3}{5}$을 잡고 어떻게 된 거냐고 물었더니 분모와 분자에 같은 수를 곱하거나 나누어도 우리 분수들은 크기가 모두 같으니까 무한변신이 가능하다고 말하는 것이었습니다.

막내는 곰곰이 생각하며 중얼거렸습니다.

"분수는 똑같이 나눈 것 중의 얼마를 갖는 것이고, 똑같이 나눈다는 것은 분모가 같다는 것……, 그래 그거야!"

막내는 매우 흥분이 돼서 펄쩍펄쩍 뛰었습니다. 그 모습을 본 $\frac{2}{7}$와 $\frac{3}{5}$은 변신을 멈추고 멍하니 막내를 바라보았습니다.

"자 봐. $\frac{2}{7}$ 너는 $\frac{10}{35}$하고도 같고 $\frac{3}{5}$ 너는 $\frac{21}{35}$하고도 같잖아. $\frac{2}{7}$는 $\frac{1}{35}$이 10개, $\frac{3}{5}$은 $\frac{1}{35}$이 21개. 그러니까 $\frac{3}{5}$이 더 큰 거네. 그럼 더하기 $\frac{2}{7}+\frac{3}{5}=\frac{10}{35}+\frac{21}{35}=\frac{31}{35}$ 맞아! 분모를 같게 해주는 거야. 단위를 말이야. 와우, 나 천재인가 봐!"

$\frac{2}{7}$와 $\frac{3}{5}$은 막내를 뚫어지게 쳐다보았습니다. 그러더니 조심스럽게,

"넌…누…구…세요?" ★

홍쌤의 수학톡하자 - 소수

4-1 소수를 발명한 스테빈

4-2 십진법의 원리를 이용한 소수

4-3 분수와 소수의 장점과 단점

4-4 소수의 덧셈과 뺄셈

홍쌤의 수학톡하자

-1

소수를 발명한 스테빈

지금으로부터 400여 년 전 벨기에에는 스페인의 지배로부터 벗어나기 위한 독립전쟁이 한창이었습니다. 따라서 벨기에의 군대는 평소보다 몇 배의 돈이 더 필요했고, 모자란 군사비를 충당하기 위해 빚을 내어 쓰기도 했습니다. 그때 회계 담당 장교였던 스테빈은 빚에 대한 이자 계산 때문에 항상 골치가 아팠습니다.

그 당시 이자는 $\frac{1}{10}$, $\frac{1}{11}$, $\frac{1}{12}$…… 등과 같이 단위분

수로 나타냈는데, 만약 빌린 돈 10000원의 이자가 $\frac{1}{11}$, $\frac{1}{12}$과 같은 경우에는 그 계산이 여간 복잡한 게 아니었습니다.

스테빈도 이제는 복잡한 이자 계산에 진저리를 치기 시작했습니다.

"이자 계산을 보다 간단하게 할 수 있는 방법이 없을까?"

스테빈은 고민에 빠져 들었습니다. 그러던 어느 날, 스테빈에게 기막힌 생각이 떠올랐습니다.

"그래, 바로 그거야! 이자가 $\frac{1}{10}$일 때 계산이 간단한 이유는 10으로 나누기 좋은 10진법으로 숫자가 쓰여 지기 때문이었어. 그러니까 이자를 계산할 때 분모가 10이나 100, 1000과 같이 10의 배수가 되면 나눗셈이 쉬워질 거야."

그것은 정말이었습니다. 어떤 수라도 10이나 100, 1000으로 나누는 것이 11이나 12와 같은 수로 나누는 것보다 훨씬 쉬웠습니다. ★

-2 십진법의 원리를 이용한 소수

분수마을의 대표자들이 한 곳에 모였습니다. $\frac{1}{5}$, $\frac{1}{25}$, $\frac{1}{125}$ 그리고 $\frac{1}{3}$과 $\frac{1}{7}$도 보입니다. $\frac{1}{25}$이 입을 열었습니다.

"자연수들이 자기들처럼 우린 자연스럽지도 못하고 한눈에 딱 알아보기도 어렵다면서 우리한테 짜증을 내는데, 우리가 무슨 수를 내야 하지 않겠습니까?"

이 말을 가만히 듣고 있던 분수장이 자연수들의 10진

수학톡하자 4-2

기수법을 우리 분수들도 활용하자고 제안하였습니다. 즉 분모를 10의 거듭제곱으로 만들어 다음과 같이 해보자는 것이었습니다.

분수	분모를 10의 거듭제곱으로 만들기	소수
$\frac{1}{5}$	$\frac{1\times2}{5\times2}=\frac{2}{10}$	0.2
$\frac{1}{25}$	$\frac{1\times4}{25\times4}=\frac{2}{100}$	0.04
$\frac{1}{125}$	$\frac{1\times8}{125\times8}=\frac{8}{1000}$	0.008

분수들은 마치 자연수가 된 것처럼 한 눈에 인식이 되어 속이 시원하다며 만족스러워 했습니다. 그런데 $\frac{1}{3}$과 $\frac{1}{7}$은 분모를 10의 거듭제곱으로 만들 수 없다며 난색을 표합니다.

분수	분모를 10의 거듭제곱으로 만들기	소수
$\frac{1}{3}$	만들 수 없음	0.33333333……
$\frac{1}{7}$	만들 수 없음	0.142857142857……

십진법의 원리를 이용한 소수

잠시 생각하던 분수장이 0.333은 3이 반복되니까 반복되는 숫자3 하나만 두고 간편하고 쉽게 3 다음에…을 찍고, 0.142857142857도 0.142857… 이렇게 점을 찍어 표시하기로 약속하면 어떻겠느냐고 말했습니다. 분수들은 여기 우리 분수장님의 생각은 누구도 따라갈 수 없다며 연신 엄지손가락을 추켜세웠습니다. ★

-3

분수와 소수의 장점과 단점

분수와 소수가 서로 자기자랑 하느라 바쁩니다.

분수 : 우리 분수가 계산에 활용하기에는 아주 최고지. 어떤 계산이든 정확하게 표현 할 수 있어. 소수처럼 나누어떨어지지 않아 불편할 일이 없지.

$$59 \div 7 = 8\frac{3}{7}, \qquad 59 \div 7 = 8.4285\cdots\cdots$$

소수 : 하지만 분수는 자연수에 익숙한 사람이 인식하기에는 부자연스러워. 때문에 우리 소수는 자연수에 익숙

분수와 소수의 장점과 단점

한 사람이 표현하기에 아주 좋은 표현방식이지. 게다가 분수는 크기 비교도 어렵잖아.

분수 : 무슨 소리? 분모를 같게 해서 비교하면 간단하지.

소수 : 바로 그거야. 크기 비교 할 때, 분수는 반드시 분모를 같게 하는 통분을 해야 하는 불편함이 있지. 하지만 소수의 경우에는 앞에서부터 자릿수를 비교하면 된다 이 말씀이야.

$$\frac{2}{3} \bigcirc \frac{19}{24} \Rightarrow \frac{16}{24} < \frac{19}{24}$$

$$0.666\cdots < 0.7916\cdots$$

구경하던 자연수가 한마디 합니다.

자연수 : 내가 보기에는 ……

분수 · 소수 : (동시에) 내가 더 잘났지?

자연수 : 그 때, 그 때 달라~요! ★

-4

소수의 덧셈과 뺄셈

수광이는 선생님이 내주신 과제를 뚫어져라 쳐다봅니다. 소수는 분수를 자연수처럼 표현한 것이라는 둥, 그러니까 자연수처럼 계산하면 된다는 둥, 뭐 그런 말들이 머릿속을 윙윙거리며 돌아다니는데 뭐가 딱 맞는 답인지 알쏭달쏭하기만 합니다.

다음 중 바르게 계산한 것은 어느 것입니까?

①	②	③	④
0.25	0.25	0.25	0.25
+ 0.4	+ 0.4	+ 0.4	+ 0.4
0.29	2.9	0.2.9	0.65

언제 들어왔는지 형 수왕이가 수광이를 보다가 한숨을 푹 내쉽니다. 그러더니 마음먹은 듯 다음과 같이 설명을 합니다.

소수는 0보다 크고 1보다는 작은 수를 나타내는 하나의 표현 방법이야. 자연수를 이용하여 덧셈과 뺄셈을 계산할 수 있듯이 소수를 이용하여 덧셈과 뺄셈을 할 수 있는 거지.

소수의 덧셈과 뺄셈의 계산에 있어서 가장 중요한 것은 소수점의 위치를 맞추어야 한다는 점이야. 이것은 자연수의 덧셈과 뺄셈에서 자릿수를 맞추는 것과 같은 것이지. 단, 소수에는 소수점이 있기 때문에 덧셈이나 뺄셈의 결과에도 소수점이 찍힌다는 것이 다르지. 자연수의 덧셈이나 뺄셈에서 일의자리, 십의자리, 백의 자리 ,……를 맞추어 계산하듯이, 소수의 덧셈이나 뺄셈에서는 소수 첫째자리는 첫째자리끼리, 소수 둘째자리는 둘째자리끼리,……자리를 맞추어 계산해야 하는 거야. 하지만 소수의 덧셈이나 뺄

수학톡하자 4-4

셈을 할 때, 소수점을 생각하지 않고 수의 개수로 끝을 맞추어 자연수의 덧셈과 같이 자리를 맞추어 계산을 하게 되면 소수의 자리수가 다를 경우 같은 자리의 수끼리의 덧셈이 아닐 수도 있기 때문에 틀려진 답을 얻을 수도 있으니까 주의해야 해.

수광이가 형을 부러운 듯 쳐다보니까 형이 어깨를 으쓱해 보입니다.

"내가 누구냐. 수왕이 아니냐, 소수왕. 넌 소수꽝!" ★

홍쌤의 수학톡하자 - 관계와 비

홍쌤의 수학톡하자

- 1

상대적인 관계가 더 중요하다 (I)

"엄마, 용돈 좀 올려주세요. 내 친구 진이는 용돈이 내 두 배란 말이에요."

"어이쿠, 그랬어? 두식이 너도 진이 두 배인 거 있잖아."

"네? 뭐요?"

"지난 번 시험에서 수학 틀린 개수……."

"아유, 엄마!"

"그러니까 쓸 데 없는 데 신경 쓰지 마시고 공부나 하셔."

"엄마는 참 신기해. 어떻게 무슨 말을 해도 결론은 꼭 공부야?"

이 내용에서 진이의 용돈이 얼마인지 두식이의 용돈이 얼마인지 또 수학 틀린 개수가 몇 개인지 알 수 없습니다. 다만 우리가 여기서 알 수 있는 것은 각 수들 사이의 관계인 것입니다. 다시 말해 진이나 두식이의 용돈이 얼마인지 알 수는 없지만 진이의 용돈이 두식이 용돈의 2배이고 두식이 용돈은 진이 용돈의 $\frac{1}{2}$이라는 것입니다.

다음과 같은 예를 하나 더 들어 보겠습니다.

이름	두식이	진이	석이
용돈	10000원	20000원	30000원

진이와 두식이, 진이와 석이의 저금한 돈의 차이는 각각 10000원씩입니다.

여기서 진이는 두식이보다 용돈이 두 배 더 많지만, 석이는 진이보다 용돈이 50% 더 많다는 것을 알 수 있습니다. 즉, 진이의 용돈은 두식이와도 석이와도 그 차이가 10000원으로 같지만, 누구와의 용돈을 비교하느냐에 따라 관계가 달라지는 것입니다.

이처럼 관계는 자신의 돈이 변하지 않더라도 누구의 돈과 비교하느냐에 따라서 달라지는 것입니다. 이것이 바로 상대적인 관계의 의미입니다. ★

- 2

상대적인 관계가 더 중요하다 (Ⅱ)

찬이는 8살입니다. 하지만 벌써 시집 간 누나도 있습니다. 며칠 전 누나가 아기를 낳았는데, 고물고물 손이랑 발이 어쩜 그렇게 작은지 귀엽기도 하고 신기하기도 합니다.

"누나, 나도 이제 동생이 생긴 거지? 그럼 나도 형이 되는 거야?"

"동생이 아니라 조카야. 찬이는 형이 아니라 삼촌이

되는 거구."

누나가 웃으면서 대답을 해주는데 찬이는 도무지 이해가 안 갑니다. 누나와 나처럼 그냥 형, 동생이 아니라 조카는 뭐고 또 삼촌은 뭔지. 삼촌은 어른한테 부르는 이름인 줄 알았는데 나처럼 어린애가 삼촌이라니……. 머릿속이 뱅글뱅글 돕니다.

사람들은 무수히 많은 관계를 형성하며 살아갑니다. 찬이는 누나에게는 동생이지만 조카에게는 삼촌이 되고 엄마에게는 아들이 됩니다. 즉 찬이의 상대가 누구냐에 따라 관계가 달라지는 것입니다.

인간 세계에서 뿐만 아니라 수학에서도, 예를 들어 '수와 수 사이' 또는 '양과 양 사이'에서도 항상 상대적인 관계가 만들어집니다. 즉, 수의 세계에서도 인간관계와 마찬가지로 어떤 수와 짝을 지어 비교하느냐에 따라서 그 수를 상대적으로 다르게 생각해 볼 수 있는 것입니다.

간단한 예를 들어 보면 자연수 2가 1을 만나면 1보다 큰 수가 되지만, 4와 만나면 4보다는 작은 수가 되는 상황에 놓이게 되는 것입니다.

수뿐만 아니라 도형에서도 이러한 상대적 관계를 생각해 볼 수 있습니다. 10원, 100원, 500원짜리 동전의 넓이를 비교해 보아도 그 관계를 쉽게 알 수 있습니다. 100원짜리 동전의 크기는 10원짜리 동전에 비해서는 큰 동전이지만 500원짜리 동전에 비해서는 작은 동전이 되는 것입니다.

이처럼 수학의 세계에서도 어떤 상대를 만나느냐에 따라서 그 관계가 결정되는 상대성이 존재하는 것입니다. ★

- 3

관계식을 그래프로 나타낸 데카르트

남주지씨가 운영하는 자전거 바퀴를 생산하는 공장 직원들은 못 배워서 취직이 어렵다거나 가난하고 소외된 이웃입니다. 하지만 공장직원들은 자전거 대수에 따라 자전거 바퀴 수가 얼마큼이 필요한지 척척 압니다. 남주지씨가 공장 벽면에 자전거 대수와 자전거 바퀴 수와의 관계를 파악하여 다음과 같은 순서쌍을 표로 만들어 붙여놓았기 때문이었습니다.

수학톡하자 5-3

(1, 2) (2, 4) (3, 6) (4, 8), (5, 10), (6, 12) ……

위의 순서쌍은 그 변화가 규칙적이므로 다음과 같은 관계식을 만들 수 있습니다.

(자전거 바퀴수)=(자전거 수)×2

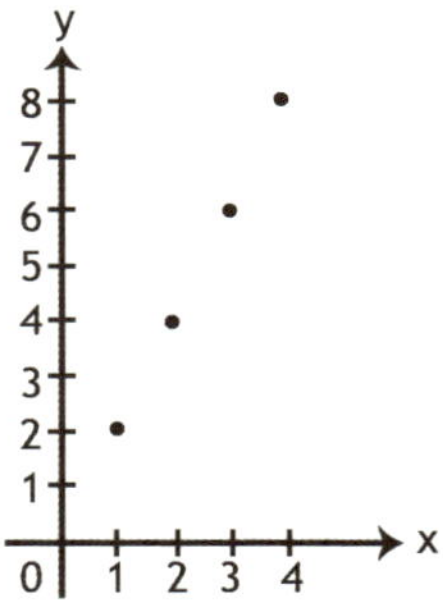

남주지씨는 이것을 좌표평면위에 그림으로 나타냈습니다. 이처럼 순서쌍들이 좌표평면 위에 그려진 것을 그래프라고 하는데, 이러한 그래프를 보면 자전거 대수의 변화에 따른 자전거 바퀴 수의 변화가 한눈에 들어옵니다. 남주지씨네 공장 직원들은 이 그림을 통해 목표치를 쉽게 확인하고 그래프 눈금을 올리기 위해 더 열심히 일했습니다.

이처럼 관계식을 그림으로 나타내는 아이디어를 만든 사람이 프랑스의 수학자 데카르트입니다. ★

-4

비란 무엇인가?

“2015년 아시안컵 결승전에서 한국이 일본을 2:1로 누르고 55년 만에 왕의 귀환을 실현하였습니다.”

라고 외치는 아나운서의 흥분된 목소리를 상상해 보았나요? 여기서 2대 1이란 우리나라 축구팀이 2골을 넣고, 일본 축구팀은 1골을 넣었다는 사실을 알려주는 관계식입니다.

이렇게 우리가 즐겨보는 운동 경기에서는 비를 쉽게 찾아볼 수 있습니다. 배구 경기에서 세트 스코어 3대 1

이라든지, 농구 경기에서 72대 63이라든지 그리고 프로 야구경기에서 삼성라이온스와 두산베어스가 5대5로 비겼다던가 하는 것이 바로 그것입니다.

또한 신문이나 TV에서 'ㅇㅇ회사 입사 경쟁률이 5대 1' 이라거나 'ㅇㅇ대학교 경쟁률이 8대 1'등의 기사를 본 적이 있을 것입니다. 여기서 말하는 경쟁률 5대1이나 8대 1의 의미는 회사나 대학이 한명을 뽑을 예정인데 지원자는 각각 5명, 8명이라는 뜻입니다.

이처럼 축구 경기의 점수를 비교하거나 뽑는 사람과 지원자의 수를 비교할 때처럼 두 수를 비교할 때 사용하는 것이 바로 '비'입니다. 그리고 2대 1과 같은 비를 ' : ' 라는 기호를 이용하여 2:1 로 나타냅니다. 즉, ' : ' 는 두 수나 양 사이의 일정한 관계를 나타내는 기호인 것입니다. ★

손-5

비를 나타내는 기호 ':'는 어떻게 생겨났을까?

지금으로부터 4000년 전 고대 이집트에서는 분수를 나타낼 때 '—'를 중심으로 위와 아래에 분모와 분자를 적는 방법을 사용했습니다. 그래서 그들은 $\frac{1}{2}$, $\frac{1}{3}$, $\frac{1}{4}$, $\frac{1}{5}$……과 같은 모양의 수를 사용하였습니다.

고대 그리스의 수학자들은 자신들보다 문명이 앞선 이집트에 가서 지식을 배우고 자신의 나라로 돌아와 자신이 배운 지식을 알려주는 것이 하나의 관례였습니다.

수학톡하자 5-5

수학자 피타고라스도 이집트에 유학을 갔습니다. 그리고 이집트에서 사용하고 있는 분수도 배웠습니다. 그러나 피타고라스는 이집트에서 사용하고 있는 분수의 모양이 마음에 들지 않았습니다.

"자연수 위에 자연수를 또 얹다니, 모양이 영 불안정하잖아."

그래서 피타고라스는 자신의 나라인 그리스로 돌아와 학교를 세운 후 분수를 이집트에서 사용하는 모양이 아닌 다른 모양으로 나타내도록 했습니다. 예를 들어 $\frac{2}{3}$는 2:3으로 $\frac{1}{5}$은 1:5로 나타내기로 했던 것입니다. 그러니까 피타고라스는 분수를 지금의 비의 모양으로 나타냈던 것입니다.

그러다가 기호 ' : '는 1684년 독일의 수학자 라이프니츠의 책에서 처음으로 나타났는데, 이 때 라이프니츠는 이 기호를 비의 의미와 함께 나눗셈의 의미로도 사용했습니다. 실제로 라이프니츠는 1698년 7월 29일 동료수학자인 요한 베르누이에게 보낸 편지에서 곱셈을 나타내기 위해 영어의 알파벳 X와 혼동되기 때문에, 자신은 곱셈을 나타내기 위해 점 한 개, 즉 기호 ' · '를 사용하고 있으며, 비와 나눗셈을 나타내기 위해서 점 두 개인 ':'를 사용하고 있다고 말한 것으로 나타나 있습니다.

그리고 라이프니츠보다 50년 정도 일찍 1633년에 존슨이라는 수학자가 나눗셈의 의미는 아니지만 분수에 쓰이는 가로막대(—)의 역할을 하기 위해 사용한 흔적도 있습니다.

즉, 존슨은 분수 $\frac{3}{4}$을 3:4로 바꾸어 사용했었습니다. ★

-6

별 속에 숨은 황금비

별이는 올 겨울 천문대 여행 캠프를 신청하였습니다. 지름이 8m나 되는 천체망원경으로 별을 관측할 수 있다는 사실이 마음을 설레게 했습니다. 그러다 문득 별이는 궁금증이 생겼습니다. 사람들은 별을 ☆과 같은 모양으로 그리는데, 아무리 별을 뚫어져라 쳐다봐도 그렇게 생긴 별은 없습니다. 그런데 왜 사람들은 별이 ☆처럼 생겼다고 하는 걸까요?

별 속에 숨은 황금비

지금으로부터 약 2500년 전, 피타고라스라는 수학자가 정오각형을 유심히 관찰하다가 다음의 그림처럼 정오각형의 각 변을 연장시켜 보았는데 그게 바로 별 모양이 된 것이라고 합니다.

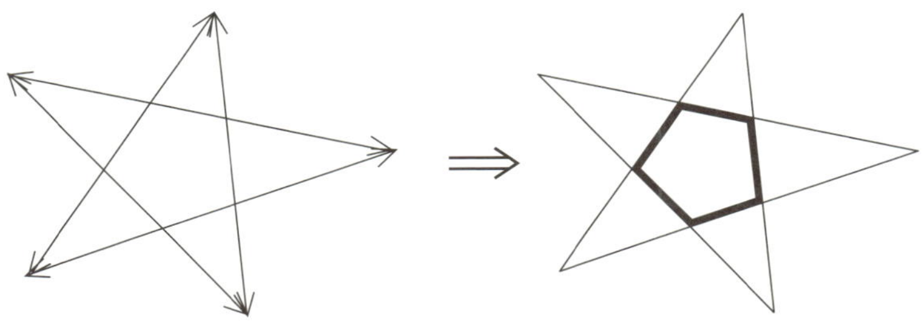

피타고라스는 이렇게 해서 만들어진 모양을 보고 너무나 아름다워서 자신이 세운 학교의 배지로 삼아, 자신의 학교에 다니는 모든 학생들이 가슴에 별 모양을 달고 다니도록 했습니다. 그러니까 ☆ 모양은 실제 별 모양과는 아무런 관계가 없는 것입니다. 그러나 ☆ 모양은 신비로운 느낌을 주었으며, 조화롭고 균형 잡힌 아름다움을 갖추고 있었습니다. ★

홍쌤의 수학 톡하자 -비율

홍쌤의 수학톡하자

5-1

비를 간단히 나타내는 방법인 비율

타고나씨는 절대미각을 가지고 있어 맛을 기가 막히게 구별해 낼 수 있습니다. 특히 칵테일을 만들 때 타고나씨의 미각은 계량컵으로 잰 듯 정확하게 발휘됩니다. 그래서 많은 사람들이 타고나씨에게 칵테일 제조법을 배우러 왔습니다.

"음, 이건 콜라와 사이다를 1:2의 비로 섞은 거야. 이쪽은 콜라와 사이다를 2:5로 섞은 거지."

이 때 사이다의 양을 '기준량'이라고 하고, 콜라의 양을 '비교하는 양'이라고 합니다. 따라서 두 양의 비는 다음과 같이 나타낼 수 있습니다.

비=(비교하는 양) : (기준량)

그런데 타고나씨는 이렇게 비로 나타내는 것이 여간 불편한 것이 아니었습니다. 1:2와 2:5처럼 늘 비로 나타내는 것보다 더 간단히 나타낼 수 있는 방법이 있었으면 좋겠다고 생각했습니다.

생각에 생각을 거듭하던 타고나씨는 비란 기준량을 1로 볼 때 비교하는 양이 몇 배가 되는가를 알아보는 식이라는 데 착안해서 비 1:2에서 기준량 2를 1로 본다면 다음과 같은 분수나 소수로 고칠 수 있겠다고 생각했습니다.

$$1:2=\frac{1}{2}=\frac{0.5}{1}=0.5 \qquad 2:5=\frac{2}{5}=\frac{0.4}{1}=0.4$$

이렇게 비의 크기나 값이 얼마인지를 분수나 소수로 나타내는 것을 '비율'이라고 합니다. ★

$$\text{비율}=\frac{(\text{비교하는 양})}{(\text{기준량})}$$

-2

비의 값이란 무엇일까?

오늘은 체력검사를 하는 날.

"자, 지금부터 선생님이 호각을 불 때까지 자기 짝의 윗몸 일으키기 횟수를 잘 세어야 한다. 알았지? 그럼 시~작!"

한이는 선생님의 말씀이 귀에 하나도 들어오지 않습니다. 마음씨 착하고 예쁜 솔비와 짝이 되어 솔비의 다리를 잡아주게 되었기 때문입니다.

'하나, 둘, 세엣……, 솔비, 예뻐, 예뻐…….'

'누가 누구보다 예쁘다.' '어느 쪽이 다른 쪽의 몇 배 더 많다.'와 같이 우리는 생활을 하면서 서로 비교하는 경우가 많습니다.

예를 들어 솔빈이는 윗몸 일으키기를 12번하고 한결이는 8번 했을 때, 둘의 윗몸 일으키기 횟수를 비교해 봅시다. 먼저 두 수의 차를 구하면, 다음과 같습니다.

(솔빈이의 윗몸 일으키기 횟수) − (한결이의 윗몸 일으키기 횟수)
$= 12 - 8 = 4$

즉, 솔빈이는 한결이보다 윗몸 일으키기를 4번 더 많이 한 것을 알 수 있습니다. 이러한 방법은 두 개의 수량을 '차'(차이)로 비교하는 방법입니다.

다음으로 솔빈이가 한 윗몸 일으키기 횟수가 한결이가 한 윗몸 일으키기 횟수의 몇 배인지 알아봅시다.

(솔빈이의 윗몸 일으키기 횟수) ÷ (한결이의 윗몸 일으키기 횟수)
$= \frac{12}{8} = 1.5$

즉, 솔빈이는 한결이의 1.5 배 만큼 윗몸 일으키기를

한 것이고, 이것은 두 개의 수량을 '비율'로 비교하는 방법입니다. 다시 말해,

$$\text{비율} = \frac{12(\text{비교하는 양})}{8(\text{기준량})} = \frac{1.5}{1} = 1.5$$

따라서 비의 값은 비율에서 기준량을 1로 보았을 때의 비교량의 크기를 나타내는 것입니다. ★

-3

백분율 이야기

“형수님, 여기 삼겹살이요. 오늘 저녁은 삼겹살 파티해요.”

“어머, 삼겹살? 구두쇠 삼촌이 웬일이래요?”

“오는데 30% 세일을 한다고 해서요. 헤헤”

엄마 옆에서 삼촌을 반기던 유한이가 한마디 합니다.

“삼촌, 그럼 30원 싸게 산 거야?

“아니, 30원이 아니라 30%. 30%라는 건 기준량을 100으로 보았을 때…….”

“고기가 100원이야? 리얼리? 우와, 되게 싸다. 삼촌 그럼 오늘 배 터지게 먹을 수 있겠네? 히히.”

“으응……? 그, 그래. 실컷 먹을 수 있지. 하하하.”

“올해 우리나라 경제성장률이 5%를 넘을 전망입니다.”

“명절을 앞두고 ○○마트에서는 돼지고기를 30% 싸게 팔고 있습니다.”

"우리나라 인구에서 여성이 차지하는 비율이 50%를 넘어섰습니다."

5%, 30%, 50%… 이렇게 우리 생활에서 자주 사용되는 퍼센트는 바로 비율을 말하는 것인데, 비율 중에서도 백분율이라고 하는 비율을 나타내는 말입니다.

그러면 여기서 백분율이란 무엇일까요?

백분율은 기준량을 100으로 보았을 때 비교하는 양의 값을 나타내는 것입니다. 그러니까 비 1:2에서 백분율은 2를 100으로 보았으므로 1은 50이 되고 이때 분모의 100은 없애주면서 분자의 수에 %(퍼센트)라는 기호를 붙여주는 것을 말합니다.

$$\frac{1}{2} = \frac{1\times50}{2\times50} = \frac{50}{100} = 50\%$$

다른 예를 들어 보겠습니다.

우리 반 학생 수는 모두 40명인데 오늘은 2명이 결석을 했다고 합니다. 이때 결석을 한 비율(결석률)을 구해 봅시다. 결석률이란 학급 전원에 대한 결석자의 비율을

수학톡하자 6-3

의미하며, 이 비율을 구하면 ,

$2:40 = \frac{2}{40} = \frac{1}{20} = 0.05$가 되며, 이때 결석률 0.05는 학급 전원을 1로 보았을 때, 결석자는 그중에서 0.05에 해당한다는 것을 의미합니다.

그렇다면 비의 값으로 비율을 나타내면 될 일인데 백분율을 왜 만들었을까요?

비율은 대부분 분수나 소수로 나타나서 보기에 불편합니다. 그래서 이것을 보기에 좋은 자연수로 나타내기 위해서 생각해 낸 아이디어가 바로 백분율(퍼센트)입니다.

$$2:4 = \frac{2}{40} = \frac{1}{20} \times 100 = 5\%$$

이때 원래의 비율에 100을 곱하는 것은 기준량을 100으로 본다는 의미입니다. 그리고 %는 기준량을 100으로 본다는 약속의 표시라고 보면 됩니다. 즉 결석률 5%라는 것은 학급 전원의 수 40을 100으로 보고, 100 중에 5 가 결석했음을 의미하는 것입니다. ★

-4

10, 100, 1000을 기준으로 하는 할푼리

"롯데와 기아의 주말 3연전 첫 경기가 끝난 13일 현재 타격부분 개인 레이스는 이대호 선수가 타율(3할6푼5리)과 홈런(37개)에서 1위를 달리고 있습니다."

3할6푼5리. 야구 선수의 타율을 말할 때에 사용하는 '할, 푼, 리'도 비율을 나타내는 말이란 것을 알고 있었나요? 여기서 말하는 타율이란 야구 선수가 타석에 들어

선 수에 대한 안타를 친 비율을 말합니다. 즉, 타율이란 안타율의 줄인 말입니다. 이것을 비로 나타내면 다음과 같습니다.

$$(\text{안타율}) = (\text{타율}) = \frac{\text{안타를 친 수}}{\text{타석에 들어선 수}}$$

예를 들어, 이대호선수가 타석에 8번 나와서 3번의 안타를 쳤다면 이대호선수의 타율은 얼마며 이것을 백분율로 나타내 봅시다.

$$3:8 = \frac{3}{8} = 0.375$$
$$0.375 \times 100 = 37.5\%$$

백분율로 표시된 이대호선수의 타율은 37.5% 입니다.

그런데 소수로 나타나는 비율이 싫어서 비율에 100을 곱해서 백분율로 나타낸 것인데, 아직도 소수로 나타나고 있습니다. 이것을 어떻게 하면 좋을까? 이렇게 소수 셋째자리까지 나타나는 비율을 자연수로만 나타낼 수 없을까 하는 고민을 하다가 만들어 낸 것이 바로 '할푼리'입니다.

즉, 소수 첫째 자리를 '할', 소수 둘째 자리를 '푼', 소수 셋째 자리를 '리'라고 약속한 것입니다.

따라서 이대호 선수의 타율 0.375는 '3할 7푼 5리'라고 말할 수 있는 것입니다.

여기서 '할'이란 기준량을 10으로 보았을 때 비교하는 양이 얼마나 되는가를 나타내는 것이고, '푼'이란 기준량을 100으로 보았을 때 비교하는 양이 얼마나 되는가를 나타내며, '리'는 기준량을 1000으로 보았을 때 비교하는 양의 값을 나타내는 말입니다.

그러나 이러한 할푼리를 사용하는 나라는 일본과 우리나라 정도밖에 없으며 우리나라에서도 야구의 안타율에나 사용하고 있는 실정입니다. 따라서, 할푼리를 사용하기보다는 백분율을 사용하는 것이 세계적인 추세라고 할 수 있습니다. ★

-5 원주율이란 무엇인가?

이름 : 원주율

본명 : 원주 비율 = $\dfrac{\text{원의 둘레의 길이}}{\text{원의 지름}}$

즉, 어떤 원의 지름에 대한 원의 둘레의 길이 비교

아주 오랜 옛날부터 사람들은 태양이나 달을 보면서 원의 신비함과 대칭성에 반해서 원을 완전한 도형이라고 생각했습니다.

그러나 원은 직선과는 달리 그 길이를 재는 것이 쉽지

않았습니다.

그래서 사람들은 원의 둘레의 길이를 어떻게 하면 알아낼 수 있을까를 고민해 왔습니다. 그러던 중 사람들은 모든 원에서 다음과 같은 공통점이 있다는 사실을 알아내게 되었습니다.

모든 원 즉, 그 원이 크던 작던 상관없이 모든 원에서 원의 둘레의 길이는 그 원의 지름의 길이와 일정한 관계가 있다는 사실을 알아냈던 것입니다.

사람들이 처음에는 모든 원의 둘레의 길이 즉 원주는 그 원의 지름의 길이보다 약 3배 정도 크다고 생각했던 것입니다.

$$\text{원주} : \text{원의 지름} = 3 : 1$$

즉 원주율이 약 3이라고 생각했습니다. 그러나 수학자들이 원에 대하여 더 많은 연구를 하면서 원주율은 3보다는 더 크다는 것을 알아내게 되었으며, 이 원주율의 정확한 값을 알기 위해서 많은 노력을 했습니다.

그중에서도 그리스의 수학자 아르키메데스는 원주율이 3.14라는 근사값을 구한 최초의 사람입니다. ★

-6

이율과 환율은 무엇일까?

은행에 가보면 '연이율 5%의 새로운 상품이 나왔습니다.'라는 문구라든지, '우리 은행의 이율이 다른 은행의 이율보다 좀 더 높습니다.'라는 말을 들을 수 있습니다. 이때 이율이란 무엇인가요?

이율이란 이자율의 줄인 말입니다. 이자율(이율)이란 원금에 대한 이자의 비율을 말합니다. 예를 들어 돈을 은행에 맡기면 은행에서는 맡긴 돈에 대한 이자를 지급하는 것을 말합니다. 이것을 비로 나타내면 다음과 같습니다.

수학톡하자 6-6

$$\text{이자율(이율)} = \frac{\text{원의 둘레의 길이}}{\text{원의 지름}}$$

그리고 연이율이란 말이 있는데, 이것은 1년 동안의 이율을 말하는 것입니다. 다시 말해 일정한 금액의 돈을 1년 동안 은행에 맡기면 약속한 비율에 해당하는 이자를 지급하는 것을 말합니다.

예를 들어 100만원의 돈을 은행에 1년 동안 맡겼더니 10만원의 이자를 받았습니다. 이것을 비로 나타내면 '10만원 : 100만원'으로 나타낼 수 있으며, 이것을 비율로 나타내면 $\frac{\text{10만원}}{\text{100만원}}=\frac{1}{10}=0.1$이며, 이것은 100만원에 대한 연이율이 0.1 즉 10%라는 것을 의미합니다.

환율이란 우리나라 돈에 대한 외국 돈의 비율을 말합니다.

예를 들어 우리가 미국에 여행을 가려고 할 때 은행에 가서 우리나라 돈을 달러로 바꿉니다. 그런데 우리나라 돈 1000원을 주면 1000달러를 바꿀 수 있는 것이 아닙니다. 요즘은 1100원 정도 내면 1달러를 줍니다. 이렇게 외국 돈과의 교환 비율을 '환율'이라고 합니다. ★

홍쌤의 수학톡하자 - 비례식

7-1 닮음비란 무엇인가?

7-2 비례식을 최초로 만든 사람

7-3 비는 차의 개념이 아니라 배의 개념이다

7-4 비를 간단히 하면 처음 정보가 사라진다

7-5 비례식의 활용

홍쌤의 수학톡하자

-1

닮음비란 무엇인가?

"선생님, 안녕하세요?"

"네, 안녕하세요? 은비어머님이시지요? 은비랑 정말 똑같으시네요. 붕어빵인데요?"

"어머, 그래요? 우린 닮았다고 하면 서로 기분 나빠해요. 호호."

"정말요? 그렇게 말씀하시는 것 들으니 은비 성격도 어머님을 꼭 닮은 것 같은데요?"

수학톡하자 7-1

"어머나, 들켰네요."

"네에? 하하"

"하하하, 호호호."

우리는 일상생활에서 '닮았다'라는 말을 자주 합니다. 여기서 '닮았다'라는 말의 의미는 '어떤 사람 또는 사물의 생김새나 성질 따위가 다른 사람이나 사물과 서로 비슷하다.'라는 뜻입니다.

수학에서도 '닮다' 즉 '닮음'에 대한 의미는 위와 비슷합니다.

아래의 크고 작은 두 정사각형처럼 서로 크기는 다르지만 모양이 같은 경우를 '닮은 도형'이라고 합니다.

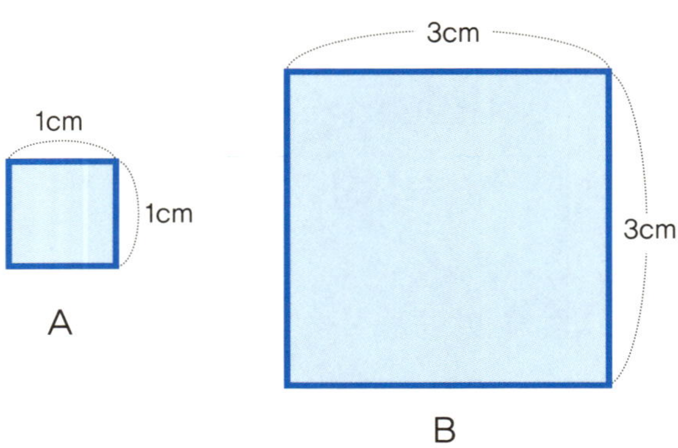

닮음비란 무엇인가?

다시 말해 위의 도형 (A)와 (B)는 닮음의 관계에 있으며, (A)와 (B)의 닮음비는 1:3이며 도형 (A)의 각 선분에 대응하는 도형 (B)의 선분의 길이가 각각 3배씩 길다는 뜻입니다.

또한 아래의 크고 작은 두 직각이등변 삼각형의 경우도 닮은 도형이 됩니다. ★

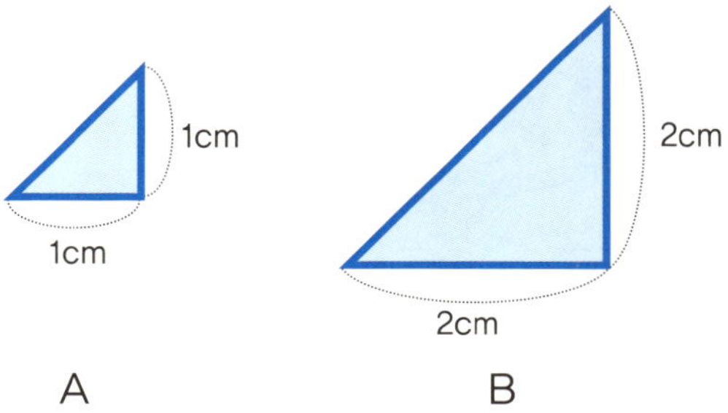

-2

비례식을 최초로 만든 사람

고대 그리스의 철학자들은 이집트에 가서 높은 수준의 지식을 배우고 돌아와 이를 전수해주는 것이 하나의 관례였습니다. 그리스의 7대철학자 중 한 사람인 탈레스 역시 이집트와 바빌로니아를 여행하면서 많은 지식을 배워왔습니다.

이렇게 지식을 쌓기 위해 이집트 여행을 하던 탈레스는 이집트의 기자사막에서 거대한 피라미드와 맞닥뜨리게 되었습니다.

"오호라, 여기가 쿠푸왕의 피라미드군. 흠, 높이가 어느 정도 되는지 정말 궁금한데?"

창의적이고 호기심이 많은 수학자 탈레스에게 피라미드의 높이를 재는 문제는 한번 도전해 볼 만 한 재미있는 과제였습니다. 탈레스는 쿠푸왕 피라미드의 높이를 재는 방법을 궁리하기 시작했습니다. 그러다가 문득 자신이 서 있는 자리에 생긴 그림자를 보게 되었습니다.

"그림자? 나의 키가 그림자로 나타나고, 피라미드의 높이도 그림자로 나타나고……. 흠, 뭔가 방법이 있을 것도 같은데……."

탈레스는 태양이 비칠 때 자신의 그림자가 생기는 것과 태양의 위치에 따라 그림자의 길이도 달라지고 있음을 발견하였습니다. 그리고 피라미드의 그림자도 태양의 위치에 따라 그림자의 길이가 변한다는 것을 깨달았습니다.

"그래, 바로 이거야. 피라미드의 높이와 피라미드의 그림자의 길이와의 관계를 이용하면 피라미드의 높이를 구할 수 있을 거야."

탈레스는 한 개의 막대기를 땅 위에 수직으로 세워 놓

고 막대기의 길이, 막대기의 그림자의 길이, 피라미드의 그림자의 길이를 측정하였습니다. 즉, 탈레스는 다음과 같은 비례식을 이용하여 피라미드의 높이를 구했습니다.

(막대기의 높이) : (피라미드의 높이) =
(막대기의 그림자 길이) : (피라미드의 그림자길이)

탈레스는 위의 비례식에 막대기의 길이, 막대기의 그림자 길이, 피라미드의 그림자 길이의 각각의 값을 넣어서 피라미드의 높이를 구했는데 그가 구한 쿠푸 왕 피라미드의 높이는 약 145m였습니다.

피라미드의 실제 높이가 146.5m 정도가 된다는 사실을 생각해 볼 때, 지금으로부터 2500년 전의 탈레스는 거의 정확한 답을 구했던 것입니다.

이처럼 탈레스는 피라미드의 높이를 재기 위한 비례식을 처음으로 사용한 수학자였던 것입니다. ★

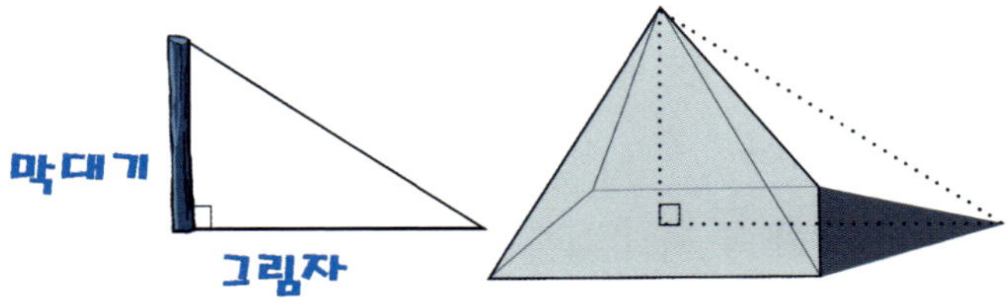

-3

비는 차의 개념이 아니라 배의 개념이다

얼마 전 우리나라와 미국과의 축구경기가 있었는데 아주 황당한 일이 일어났다고 합니다. 어떤 일이냐고요?

전반전이 막 끝나고 휴식시간이 되었습니다. 전반전이 끝난 상태의 스코어는 4:2로 우리나라가 앞서가고 있었습니다. 그런데 갑자기 미국 팀의 주장이 심판을 찾아와서는

"비례식에서는 4:2와 2:1은 같으니 스코어를 2:1로 바

꾸어 후반전을 계속하지요!"

"아니, 저 미국 팀 주장이 도대체 뭐라는 거야?"

우리 팀 주장 선수가 깜짝 놀라 심판에게 달려갔습니다. 그리고는

"비례식에서는 4:2와 8:4는 같으니 스코어를 8:4로 바꾸어 후반전을 진행하지요!"

심판은 당황하여 이러지도 저러지도 못하다가 그냥 원래의 스코어인 4:2로 경기를 진행했다고 합니다.

만약, 여러분이 심판이라면 어느 나라 선수의 의견을 받아들이겠습니까?

많은 운동 경기의 스코어는 비로 나타내어집니다. 그러나 이런 스코어는 비율로 비교하는 것이 아니라 차(골차)로 비교하는 것입니다. 다시 말해 스코어 4:2는 두 골 차이가 나지만, 스코어 2:1은 한 골 차이 밖에 나지 않습니다. 따라서 미국 팀 주장 선수의 말대로 스코어 4:2를 2:1로 고치면 우리나라 입장에서는 불리해지는 것이고, 우리 팀 주장의 말대로 4:2를 8:4로 고치면 미국 팀이 불리해지는 상황이 됩니다. 그렇다면 이 두 팀 주장 선수

의 의견에는 어떤 문제점이 있을까요?

비례식에서 2:1=4:2 즉 2:1과 4:2가 같다는 것은 2:1과 4:2의 차이가 같다는 의미가 아니고 두 비의 비율이 같다는 의미입니다. 다시 말해 비 2:1과 4:2가 같다는 의미는 이것의 비율인 $\frac{2}{1} = 2$와 $\frac{4}{2} = 2$가 같다는 것이지, 2-1=1과 4-2=2가 같다는 것이 아닙니다.

즉, 비 a:b란 어떤 양 a가 다른 양 b의 몇 배인가를 나타내는 곱셈의 개념이라는 것입니다. 그러나 축구경기의 스코어는 한 골 한 골 더해가는 덧셈의 개념이기 때문에 양 팀 주장선수의 말은 틀린 것입니다. ★

- 4

비를 간단히 하면 처음 정보가 사라진다

"엄마, 오늘 유한이가 안찬이를 3:2로 이기고 전교 어린이 회장이 됐어."

"그래? 유한이가 안찬이를 몇 표 차이로 이겼는데?"

"그건 몰라. 선생님이 그냥 3:2로 유한이가 이겼다고만 말씀하셨거든."

나중에 알고 보니 유한이는 570표를 얻었고, 안찬이는 380표를 얻었습니다. 그러면 사실 두 사람의 득표수를 비로 나타내면 570:380이 맞습니다. 그런데 선생님께서는 왜 3:2라고 말씀하신 걸까요? 비의 전항과 후항을 각각 190으로 나누어 계산하셨던 겁니다.

$$570 : 380 = (570 \div 190) : (380 \div 190) = 3 : 2$$

처음의 정보인 570:380은 두 후보가 어느 정도의 비율로 지지표를 받았는지 정확히 알기 어렵습니다. 그래서 이 비를 가장 간단한 자연수의 비인 3:2로 나타낸 것이며, 이렇게 하면 유한이가 상대방보다 1.5배정도 더 많은 지지를 받았다는 것을 쉽게 알 수 있기 때문입니다.

즉, 우리가 큰 두수의 비로 나타낸 것을 간단한 자연수의 비로 고치는 이유는 처음의 두 수의 비율을 쉽게 이해하기 어려운 경우에 하는 것입니다.

예를 들어 10:5와 같이 비율을 쉽게 알 수 있는 경우에는 간단한 자연수의 비인 2:1로 고치지 않아도 됩니다. 왜냐하면 10:5는 전항이 후항의 2배임을 쉽게 알 수 있기 때문입니다. 그러나 570:380 같은 경우에는 두 수의 비율을 쉽게 알 수 없습니다. 그래서 이와 같은 경우에는 최대한 간단한 자연수의 비로 고쳐서 그 비율을 알아보는 것이 중요합니다.

그러나 이러한 경우에 유의해야 할 점이 있습니다. 570:380을 가장 간단한 자연수의 비인 3:2로 고치고 난 후 원래의 정보인 580:380을 없애고, 3:2만 남기게 되면 처음의 정보를 상실하게 되기 때문입니다. ★

-5

비례식의 활용

미희와 산이는 엄마 생일을 앞두고 무슨 선물을 할까 궁리를 합니다.

"우리 빵을 만들자."

미희가 엄마가 빵을 좋아하는 것을 떠올리고는 산이에게 말합니다.

"좋은 생각이기는 한데, 만들 줄 알아?"

"걱정 마셔. 내가 누구야? 먼저 재료를 준비해야 하는

데, 빵 2개를 만들려면 달걀이 3개 필요하거든. 우린 한 10개쯤은 만들어야 할 것 같은데, 그럼 달걀이 몇 개나 필요한 거지?"

그림 그리는 것을 좋아하는 미희는 빵 개수에 해당하는 달걀을 나타내는 그림을 그려 계산합니다.

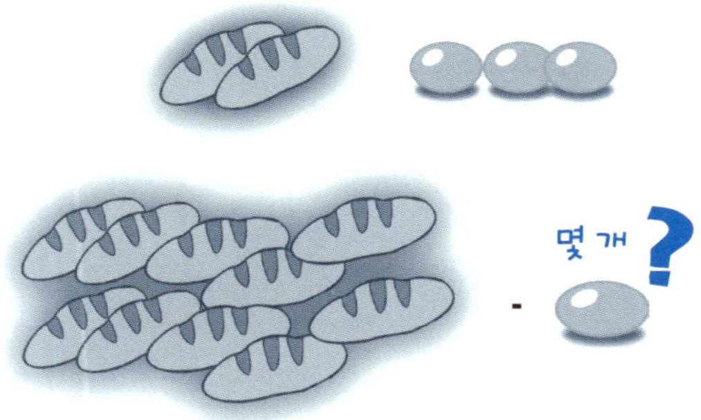

빵 2개→ 달걀 3개, 빵 4개→ 달걀 6개, 빵 6개→ 달걀 9개,
빵 8개→ 달걀 12개, 빵 10개→ 달걀 15개

이렇게 해서 빵 10개를 만드는 데 달걀이 15개 필요함을 알 수 있었습니다.

미희가 그림을 그려서 달걀의 개수를 알아내는 동안 수학을 잘하는 산이는 비례식을 이용하여 금방 계산합니다.

비례식의 활용

'2:3=10:15니까 빵 10개를 만드는 데는 달걀이 15개가 필요하네.'

산이는 어떻게 해서 그렇게 금방 필요한 달걀의 개수를 구할 수 있었을까요? 비의 전항과 후항에 같은 수를 곱하면 그 비의 값은 같다는 성질을 이용한 것입니다.

$2:3 = \frac{2}{3}$(빵 2개의 달걀 3개에 대한 비의 값)

$4:6 = \frac{2}{3}$(빵 4개의 달걀 6개에 대한 비의 값)

$6:9 = \frac{2}{3}$(빵 6개의 달걀 9개에 대한 비의 값)

$8:12 = \frac{2}{3}$(빵 8개의 달걀 12개에 대한 비의 값)

$10:15 = \frac{2}{3}$(빵 10개의 달걀 15개에 대한 비의 값)

이렇게 하여 2:3과 10:15는 비의 값이 같다는 것을 알게 되었고, 빵10개를 만드는 데 달걀이 15개 필요함을 알 수 있었습니다.

2:3=10:15처럼 비의 값이 같은 두 비를 등식으로 나타낸 것을 '비례식이'라고 합니다. ★

홍쌤의 수학톡하자 - 연비

8-1 연비란 무엇일까?

8-2 비례배분이란 무엇일까?

8-3 아버지의 유언

홍쌤의 수학톡하자

-1

연비란 무엇일까?

비(比) : 어떤 두 개의 수 또는 양을 서로 비교하여 몇 배 인가를 나타내는 관계

연비(連比) : 세 개 이상의 수나 양의 비

수리와 진이의 수학 성적의 비는 90:70입니다. 진이와 다한이의 수학 성적의 비는 70:65입니다. 이렇게 두 사람씩 비교하여 비를 나타내면 세 사람의 성적을 한 눈에

비교하기에는 불편함이 있습니다. 그래서 다음과 같이 나타내 보았습니다.

수리의 수학 성적 : 진이의 수학 성적 : 다한이의 수학 성적
= 90 : 70 : 65

이렇게 셋 이상의 양의 비를 연비라고 합니다. 그러니까 연비란 연달아 있는 또는 연속해서 있는 세 개 이상의 비를 뜻하는 말입니다.

예를 한 가지 더 들어보겠습니다.

수리, 진이, 다한이의 돼지 저금통에 각각 10500원, 6650원, 8400원이 들어 있다고 할 때, 세 사람의 돼지 저금통에 들어 있는 돈을 연비로 나타내면 다음과 같습니다.

10500 : 6650 : 8400

세 개 이상의 수나 양의 비. 따라서 4개의 양이나 5개의 양을 비교할 수도 있습니다.

연비는 세 가지 이상의 비를 한꺼번에 비교할 수 있다는 장점이 있습니다. 즉 두 개의 비를 따로따로 비교하는 것보다는 세 개의 비를 한꺼번에 비교하는 것이 훨씬 더 쉽기 때문입니다. ★

- 2 비례배분이란 무엇일까?

"엄마, 용돈 좀 주세요."

"벌써 용돈이 다 떨어졌니? 좀 아껴 써야겠다. 자, 3000원 줄 테니까 너와 동생이 2:1의 비가 되도록 나누어 가져라."

"아이 참, 엄마! 그냥 따로따로 주시지……."

엄마는 어떤 일이든 수학을 결부시킵니다.

'나와 동생이 2:1의 비면 나는 동생의 2배를 가져야 하

고, 동생은 나의 $\frac{1}{2}$을 가져야 한다는 소리인데, 아이참…….'

형은 동생과 어떻게 나누어 가지면 될까요? 다음과 같은 방법으로 구해봅시다.

첫째, 각각이 전체에 차지하는 비율을 구합니다.

둘째, 위에서 구한 각각의 비율을 주어진 양과 곱하여 각 부분에 해당하는 양을 구합니다.

예를 들어 다시 설명해 보면,

위의 2:1에서 형의 전체에 대한 비율은 $\frac{2}{2+1}$로 $\frac{2}{3}$가 되고, 동생의 전체에 대한 비율은 $\frac{2}{2+1}$로 $\frac{1}{3}$이 됩니다.

이렇게 전체에 대한 비율은 구한 후, 형의 비율을 전체의 양에 곱하여 형이 갖게 되는 돈을 구하면 됩니다.

(형의 돈) : $\frac{2}{3} \times 3000=2000$(원)

(동생의 돈) : $\frac{1}{3} \times 3000=1000$(원)

이것을 그림 식으로 나타내면

□를 ㉮와 ㉯가 △ : ○로 나눈다면, 다음과 같은 방법으로 나눕니다.

$$㉮ : \frac{\triangle}{\triangle + \bigcirc} \times \square$$

$$㉯ : \frac{\bigcirc}{\triangle + \bigcirc} \times \square$$

따라서 형이 2000원, 동생이 1000원을 가지면 됩니다. 이처럼 주어진 양을 주어진 비를 이용하며 일정한 비율로 나누는 것을 '비례배분'이라고 합니다. ★

-3

아버지의 유언

지금으로부터 약 1000년 전 아라비아에서 있었던 일입니다. 어느 마을에 한 농부가 사랑하는 세 아들과 행복하게 살았습니다. 그런데 농부가 나이가 많아지면서 몸도 점점 늙어갔습니다. 그래서 농부는 세 아들들에게 유산으로 물려줄 낙타 17마리에 대한 유언을 남기기로 하였습니다. 그 당시 아라비아에서는 낙타가 아주 중요한 재산이었습니다.

아버지의 유언

<유 언>

첫째 아들은 17마리 낙타의 $\frac{1}{2}$ =을 갖고,

둘째 아들은 17마리 낙타의 $\frac{1}{3}$ 을 갖고,

막내는 17마리 낙타의 $\frac{1}{9}$ 을 가져라.

0월 0일

너희들을 사랑하는 아버지가

농부가 죽은 후 세 아들은 아버지의 유언대로 나누어 갖기로 했습니다.

(첫째아들) : 17마리 $\times \frac{1}{2} = 8\frac{1}{2}$ (마리)

(둘째아들) : 17마리 $\times \frac{1}{3} = 5\frac{2}{3}$ (마리)

(막내) : 17마리 $\times \frac{1}{9} = 1\frac{8}{9}$ (마리)

세 아들은 고민에 빠졌습니다. 왜냐하면 낙타를 $8\frac{1}{2}$, $5\frac{2}{3}$, $1\frac{8}{9}$마리씩 나누려면 몇 마리의 낙타를 죽어야하기 때문입니다. 그리고 $8\frac{1}{2}$, $5\frac{2}{3}$, $1\frac{8}{9}$을 모두 더해도

수학톡하자 8-3

17마리가 되지 않고 나머지가 남기 때문이었습니다.

세 형제는 어떻게 해야 아버지의 유언대로 낙타를 나누어 가질 수 있을까요? ★

교우수학놀이공원 2

홍쌤의 수학톡하자 ❷ 여러가지 수와 비율

초판 1쇄 발행 | 2014년 1월 6일

지 은 이 홍선호
펴 낸 이 오상훈
펴 낸 곳 교우미디어

주　　소 서울특별시 동대문구 약령시로 8 교우빌딩 2층
전　　화 (02) 925-2866
팩　　스 (02) 925-2860
이 메 일 kyowoo@kyowoo.co.kr
홈페이지 www.kyowoo.co.kr
등록번호 제305-2011-000007호

ISBN 979-11-85417-00-4 74410
978-89-968148-0-1 (전5권)
값 9,000원

교우미디어는 교우사의 임프린트 출판브랜드입니다.